*Karin Peter: Die Weihnachtsgeschichte
nacherzählt in Saarlouiser Moselfränkisch*

Eine schöne Zeit
und ein
gutes Jahr 2011

Die Weihnachtsgeschichte

nacherzählt in Saarlouiser Moselfränkisch

von

Karin Peter

Für die freundliche Unterstützung
bei Drucklegung dieses Buches danke ich:

GBS Gemeinnützige Bau- und Siedlungs-GmbH Saarlouis
Globus Saarlouis
Kreisstadt Saarlouis
Landkreis Saarlouis
Saarland Sporttoto GmbH

Impressum

Wadgassen, Selbstverlag, 2010

Buchgestaltung und Satz: Marc Nauhauser

Druck: Merziger Druckerei und Verlag

ISBN 978-3-938415-50-4

Beilage: 1 Musik-CD
Musik und Komposition: Walter Krennrich
Sprecherin: Karin Peter
Produktion: Your Music (www.yourmusic.de)

Edith Braun gewidmet

BIBLIA GERMANICA 1545
Die Bibel in der deutschen Übersetzung Martin Luthers
Ausgabe letzter Hand. Deutsche Bibelstiftung, Stuttgart ▶

Euangelium C. II.

VND du Kindlin wirst ein Prophet des Höhesten heissen/ Du wirst fur dem HErrn her gehen/das du seinen weg bereitest.

Vnd erkentnis des Heils gebest seinem Volck/ Die da ist in vergebung jrer Sünde.

Durch die hertzliche Barmhertzigkeit vnsers Gottes/ Durch welche vns be sucht hat der ᵃ Auffgang aus der Höhe.

Auff das er erscheine/ Deuen/ die da sitzen im finsternis vnd schatten des Todes/ Vnd richte vnsere füsse auff den weg des Friedes.

VND das Kindlin wuchs vnd war starck im geist/ Vnd war in der Wüsten/ bis das er solt erfür tretten fur das volck Jsrael.

II.

ES begab sich aber zu der zeit/Das ein Gebot von dem Keiser Augusto ausgieng/Das alle Welt geschetzt würde. Vnd diese Schatzung war die allererste/vnd geschach zur zeit/da Kyrenius Landpfleger in Syrien war. Vnd jederman gieng/das er sich schetzen liesse/ein jglicher in seine Stad.

DA machet sich auff auch Joseph/aus Galilea/aus der stad Nazareth/ in das Jüdischeland/zur stad Dauid/die da heisst Bethlehem/ Darumb das er von dem Hause vnd geschlechte Dauid war/ Auff das er sich schetzen liesse mit Maria seinem vertraweten Weibe/ die war schwanger. Vnd als sie da selbst waren/ kam die zeit/das sie geberen solte. Vnd sie gebar jren ersten Son/ Mat. 1. vnd wickelt jn in Windeln/vnd leget jn in eine Krippen/ Denn sie hatten sonst keinen raum in der Herberge.

VND es waren Hirten in der selbigen gegend auff dem felde/ bey den Hirten/die hüteten des nachts jrer Herde. Vnd sihe/ die HERRN Engel trat zu jnen/vnd die Klarheit des HERRN leuchtet vmb sie/ Vnd sie furchten sich seer. Vnd der Engel sprach zu jnen. Fürchtet euch nicht/ Sihe/ Jch verkündige euch grosse Freude/ die allem Volck widerfaren wird/ Denn Euch ist heute der Heiland gebörn/ welcher ist Christus der HErr/ in der stad Dauid. Vnd das habt zum Zeichen/ Jr werdet finden das Kind in windeln gewickelt/ vnd in einer Krippen ligen. Vnd als bald ward da bey dem Engel die menge der himelischen Herrscharen/ die lobten Gott/ vnd sprachen/ Ehre sey Gott in der Höhe/Vnd friede auff Erden/Vnd den Menschen ein wolgefallen.

VND da die Engel von jnen gen Himel furen/sprachen die Hirten vntereinander/ Lasst vns nu gehen gen Bethlehem/vnd die Geschicht sehen/die da geschehen ist/die vns der HERR kund gethan hat. Vnd sie kamen eilend/ vnd funden beide Mariam vnd Joseph/ dazu das Kind in der krippen ligen. Da sie es aber gesehen hatten/ breiteten sie das wort aus/ welchs zu jnen von diesem Kind gesagt war. Vnd alle/ fur die es kam/ wunderten sich der Rede/ die jnen die Hirten gesagt hatten. Maria aber behielt alle diese wort/ vnd beweget sie in jrem hertzen. Vnd die Hirten kereten widerumb/ preiseten vnd lobten Gott vmb alles/ das sie gehöret vnd gesehen hatten/ wie denn zu jnen gesagt war.

(Erkentnis des Heils) Das sie wissen sollen/ wie sie selig werden müssen. Nicht durch die werck des Gesetzes/ sondern durch vergebung der sünden etc.

ᵃ (Auffgang) Christus nach der Gottheit/ ist der Auffgang in der höhe vom Vater.

(Geschetzt) Schetzen ist hie/ das ein jglicher hat müssen ein Ort des gülden geben von jglichem Heubt.

(Wolgefallen) Das die menschen dauon lust vnd liebe haben werden/ gegen Gott vnd vnternaander. Vnd dasselb mit danck annemen/ vnd darüber alles mit freuden lassen vnd leiden.

Vorwort

Die Weihnachtsgeschichte ist einer der meist geschriebenen, übersetzten, gelesenen, vorgelesenen und gesungenen Texte in der Literatur, der Musik und den bildenden Künsten. Wenn man im Fremdsprachenunterricht gleichsam als Leseübung längere Bibeltexte benutzt, so beginnt man wohl am häufigsten mit der Weihnachtsgeschichte. Sie hat den Vorteil, dass sie allgemein bekannt ist und jedes Jahr an Weihnachten wieder verbreitet wird. Andere Bibeltexte, wie etwa die Ostergeschichte, werden im Fremdsprachenunterricht weniger häufig verwendet. Die betroffenen Sprachen sind natürlich in erster Linie die bekannten Fremdsprachen wie Englisch, Französisch, Spanisch, Russisch u.a.m. Die Bibeltexte können aber auch im Unterricht und als Einführung in andere Fremdsprachen und Mundarten verwendet werden. Von der Weihnachtsgeschichte sind an die hundert Übersetzungen in deutsche Mundarten bekannt.

Karin Peter hat zusammen mit Edith Braun das Saarlouiser Wörterbuch veröffentlicht, dessen größter Teil ein Wörterverzeichnis Mundart-Schriftsprache enthält. Die Saarlouiser Mundart nimmt unter den saarländischen Mundarten eine besondere Stellung ein, weil Saarlouis als französische Festungsstadt auf dem Reißbrett entstand. Die verschiedenen Mundarten der Menschen, die sich dort niederließen, wurden stark beeinflusst von der französischen Sprache. So entstand eine »Altsaarlouiser Mundart«, die aber in den letzten Jahrzehnten mehr und mehr verloren ging. Karin Peter gehört zu den wenigen Sprechern, die diese Mundart in ihrer »echten« Form noch beherrschen. Zu den verschiedenen Texten, die sie in dieser Mundart publiziert hat, gesellt sich nun auch ihre frei nacherzählte Weihnachtsgeschichte. Zum besseren Verständnis des Lesers hat sie dem Mundarttext auf den gegenüberliegenden Seiten eine schriftdeutsche Übersetzung beigefügt.

Das Büchlein eignet sich auch zum Vorlesen in Schulen, um die Kinder mit der Saarlouiser Mundart bekannt zu machen.

Professor Dr. Max Mangold
Universität des Saarlandes

Albrecht Dürer:
Maria auf der Rasenbank, das Kind stillend (Kupferstich) ▶

Es ist schon ganz, ganz lange her, als das da passiert war, was ich euch heute erzählen will. Das war in der Zeit gewesen, damals, als Augustus Kaiser war.

Der wollte einmal wissen, wie viele Leute überhaupt in seinem Reich wohnen würden. Und deshalb hatte er befohlen, jeder Mensch müsste sich zählen lassen. So etwas hatte es früher noch nie gegeben. Es war, wie gesagt, das allererste Mal, dass überhaupt so etwas passieren sollte, damals, als Cyrenius in Syrien Landpfleger war.

Et éss schó ganz, ganz lang häär, wó dat lòò pasiert wòòr, wat eich auch haut wéll vózehle gehn. Dat wòòr én die Zeit geween, dòòmòòls, wó der Auguschdus Kaiser wòòr. Deer wóllt emò wéssen, wivvill Leit iwwerhaupt é sei Reich gääde wahnen. Onn dòòderfoor hodder befohl, jeeder Minsch misst sich zehle losen. Soo eppes hoddet frieher noch nie génn. Et wòòr, wie gesaat, et allereerscht Mòòl, dat iwwerhaupt soo eppes pasiere sóllt, dòòmòòls, wie der Cyrenius é Syrien Landfleejer wòòr.

Und da hatte sich dann jedermann auf den Weg gemacht. Und jeder Mensch musste in die Stadt reisen, wo seine Familie her war.

Da hatte sich auch Josef, der dort in Nazareth in Galiläa gewohnt hatte, der hatte sich auch auf die Beine machen müssen. Und weil er aus der Familie vom David gestammt hatte, da sollte er nach Bethlehem wandern, dort nach Judäa, zusammen mit seiner Frau Maria. Da sollten sich die zwei aufschreiben lassen.

Ónn dò hott sich da jeedfoorääner óff de Weech gemach. Ó jeeder Minsch mósst én die Schdatt rää- sen, wó sei Fammill häär wòòr.

Dò hott sich aach der Jooseff, deer wó lòò én Nazareth é Galiläa gewahnt hott, deer hott sich aach missen óff de Bään machen. Ó weil er aus de Fammill vaan der David geschdammt hott, dò sóllder nòò Betlehem wannern, lòò nòò Judäa, sesamme mét sei Fraa, et Marria. Dòò sóllten die zwaai sich óffschreiwe losen.

Albrecht Dürer:
Die Geburt Christi (Kupferstich) ▶

Maria war damals hoch in Umständen gewesen. Und weil es schon bald so weit war, da haben sie alles mögliche einpacken und mitschleppen müssen, was man für so eine Geburt braucht, natürlich auch die Windeln. Und da hatten sich die zwei dann auf den Weg gemacht nach Bethlehem. Aber als sie da angekommen sind, da war Hochbetrieb: Himmel und Menschen waren unterwegs. Maria und Josef, die hatten keinen Platz mehr bekommen in einer Herberge. Und dafür haben sie in einen Stall müssen vor der Stadt.

Et Marria wòòr dòòmòòls hooch én Ómschdänn geween. Ó weil et schó ball só weit wòòr, dò hann se alles mijjeliche missen épacken ó mét- schlääfen, wat mer foor soo e Gebuurt brauch, naddierlich aach de Wén- deln. Ónn dòò hodden die zwaai sich dann óff de Weech gemach foor nòò Bethlehem. Awwer wie se dòò aakómm sénn, dò wòòr der Ónner- gang: Himmel ó Minscher wòò- ren ónnerwees. Et Marria ónn der Jooseff, die hodde käämeh Platz meh kriet én e Herberch. Ónn dòòderfoor hann se missen én e Schdall vórraan de Schdatt.

Und wie sie gerade dort hingekommen sind, da ist es dann losgegangen: Bei Maria hatten die Wehen angefangen, und sie hatte ihr erstes kleines Bübchen bekommen. Das hatte sie dann in die Windeln gewickelt, die sie bei sich hatten. Und weil sie kein Bettchen hatten, haben sie ein Krippchen ein bisschen mit Stroh gepolstert und den Kleinen hineingelegt.

Ó wie se graad lòò hikómm sénn, dò éset da lossgang: Bei t Marria hodden de Wehen aagefonk, ónn et hott sei eerschder klääner Biefché kriet. Deer hoddet dann én de Wéndeln gewéckelt, die wó se bei sich hodden. Ó weil se kää Bettché hodden, hann se e Krippché e bésselché mét Schdroh gepolschdert ónn deer Klään erégeleet.

Albrecht Dürer:
Die Geburt Christi (Holzschnitt) ▶

Es war Nacht gewesen, und nicht weit weg von dem Stall, wo das Bübchen auf die Welt gekommen war, da waren Hirten auf dem Feld, und die hatten ihre Schafe gehütet.

Und was meint ihr? Auf einmal, da ist der Engel Gottes zu denen gekommen, und es ist um sie herum ganz, ganz hell geworden. Aber da, da haben sie schreckliche Angst gekriegt. Sie sind bald zu Tode erschrocken.

Und da hatte der Engel zu ihnen gesagt: »Habt keine Angst vor mir! Seht einmal! Ich will euch

Et wòòr Naat geween, ónn nét weidewech vaan der Schdall, wó der Biefché óff de Welt kómm wòòr, dò wòòren Hirten ówwet Feld, ónn die hodden ihr Schòòf gehiet.

Ó wat männen der? Óff äämòòl, dò éss der Häärgott sei Engel bei die kómm, ónn et éss óm se róm ganz, ganz hell génn. Auwer dòò, dòò hann se greilich Angscht kriet. Se sé ball ént Lääd gefall.

Ónn dòò hott der Engel zuu se gesaat: »Ha kään Angscht voor mer! Gucken emòòl! Eich wéll nur etwas erzählen, worüber ihr euch mit allen anderen Leuten gewiss schrecklich freuen werdet. Da in der Stadt vom David, da ist heute für euch der Heiland geboren, nämlich Christus, der Herr.

Und so könnt ihr ihn erkennen: Ihr werdet ein Kindlein finden, das in Windeln gewickelt ist und in einer Krippe liegt.«

auch nuurm eppes vózehlen, wó dier auch mét all anner Leit gewéss grei-lich driwwer freie gehn. Dòò én de Schdatt vaan der David, dòò éss haut foor auch der Heiland geboor, nämmlich Kréschdus, der Häär.

Ó soo kannen dern erkennen: Dier wäären e Kéndché fénnen, dat wó é Wéndeln gewéckelt éss ónn én e Kripp leit.«

Albrecht Dürer:
Die Anbetung der Könige (Holzschnitt) ▶

Und auf einmal, da war der Engel nicht mehr allein, nein, eine ganz große Menge von anderen Engeln war bei ihm, und die hatten den Herrgott gelobt und gerufen: »Ehre und Preis dem Herrgott in der Höhe und Friede und Freude allen Leuten auf der Erde!«

Und als die Engel dann wieder hoch in den Himmel gefahren waren, da hatten die Hirten gesagt: »Na denn! Wir gehen nach Bethlehem, und da gucken wir uns einmal die Geschichte an, die dort

Ó mét äämòòl, dò wòòr der Engel némmeh allään, nää, e ganz Masjoon vaan anner Engeln wòòr bei em, ónn die hodden der Häärgott geloobt ó geruuf:

»Ehr ó Preis foor der Häärgott én de Heh ó Fried ó Frääd foor all Leit óff de Ärd!«

Ó wie de Engeln dann nommò hooch én de Himmel gefahr wòòren, dòò hodden de Hirten gesaat: »Allé dann! Mer gehn nòò Bethlehem, ónn dò gucke mer óns emòòl die Geschicht aan, die wó lòò pasiert éss, soo wie et der Häärgott óns hott saa losen.«

passiert ist, so wie es der Herrgott uns hatte sagen lassen.«
Und da sind sie ganz schnell in den Stall gelaufen. Da haben sie dann alle zwei gefunden, Maria und Josef und auch das Kindchen in der Krippe.

Wie sie es aber gesehen hatten, danach, da hatten sie all das weitererzählt, was sie über das Kind gehört hatten. Und alle Leute, die davon erfahren hatten, die waren äußerst verwundert über die Rede der Hirten.

Ónn dò sénn se dapperdómmeldich én de Schdall gelaaf. Dò hann se dann alle zwaai fónn, et Marria ónn der Jooseff, ónn aach et Kéndché én de Kripp.

Wie se t awwer gesinn hodden, dòòdernòò, dò hodden se all dat weidervózehlt, wat sie iwwer dat Kénd geheert hodden. Ónn all Leit, die wó dòòdervaan erfahr hodden, die hodden sich meh wie gewónnert iwwer de Rédd vaan de Hirten.

Maria aber, die hatte sich all das, was gesagt worden ist, in ihrem Herzen gut verwahrt. Und immer und immer wieder ist ihr das alles durch den Kopf gegangen.

Und die Hirten, die sind wieder zurückgegegangen; sie hatten den Herrgott gelobt und gepriesen für all das, was sie gehört und gesehen hatten, genau so, wie man es ihnen gesagt hatte.

Et Marria awwer, dat hott sich all dat, wat gesaat génn éss, é sei Häärz gutt verwahrt. Ónn émmer ónn émmer nommò ésem dat alles durch de Kopp gang.

Ónn de Hirten, die sénn nommò seréck gang; se hodden der Häärgott geloobt ó gepries fó all dat, wat sie geheert ó gesinn hodden, genaau soo, wie sie et gesaat kriet hodden.

Bildnachweis

Die Gestaltung des Buchdeckels mit dem Motiv »Heilige Nacht«
(Oberrhein 1420/30) konnte mit freundlicher Genehmigung des
Augustinermuseums, Freiburg i. Br. realisiert werden.

Lukas 2, 1–20 aus: BIBLIA GERMANICA 1545
Die Bibel in der deutschen Übersetzung Martin Luthers
Ausgabe letzter Hand. Deutsche Bibelstiftung, Stuttgart

Der Abdruck der Dürer-Bilder erfolgte mit freundlicher Genehmigung des Herzog Anton Ulrich-Museums, Niedersächsische
Landesmuseen Braunschweig:

>Albrecht Dürer:
>Maria auf der Rasenbank, das Kind stillend (Kupferstich)

>Albrecht Dürer:
>Die Geburt Christi (Holzschnitt)

>Albrecht Dürer:
>Die Geburt Christi (Kupferstich)

>Albrecht Dürer:
>Die Anbetung der Könige (Holzschnitt)

Nachwort

Wie alle anderen Sprachen verändern sich auch die Dialekte im Laufe der Zeit. Es ist mir ein großes Anliegen, die so besondere Altsaarlouiser Mundart, wie sie noch in meinem Elternhaus gesprochen wurde, in meinen Erzählungen und Nachdichtungen auch für die heutige Generation lebendig werden zu lassen. In meinen Büchern habe ich diese alte Sprache schon dokumentiert und auf diese Weise für die Nachwelt erhalten. Für alle Leser, die sich mit meinem Dialekt schwertun, habe ich meiner »Weihnachtsgeschichte« nach Lukas 2, 1–20 eine deutsche Übersetzung beigegeben. Hierbei handelt es sich nicht um eine ausgefeilte deutsche Version. Ich bleibe bewusst eng am Original, um wenigstens einen kleinen Einblick in die Besonderheiten meiner Mundart zu ermöglichen. Außerdem habe ich meinen Text auf eine CD gesprochen, die dem Buch beigelegt ist und zum besseren Verständnis der Altsaarlouiser Mundart beitragen wird. An dieser Stelle gilt mein besonderer Dank Walter Krennrich, dem Komponisten und Interpreten der Gitarrenmusik, für die musikalische Umrahmung.

Herzlich bedanken möchte ich mich bei Marc Nauhauser für die gelungene Buchgestaltung. Ebenso herzlich danke ich Herrn Professor Dr. Max Mangold, Universität des Saarlandes, für das Vorwort. Ganz besonders danken möchte ich Frau Dr. Edith Braun, die mich motivierte, dieses Buch herauszugeben. Im Verlauf meiner Arbeit durfte ich sie immer wieder um Rat fragen.

Karin Peter
Herbst 2010

Karin Peter, geb. Gruschke, geboren und auf-gewachsen in Saarlouis, lebt in Wadgassen. In ihrer Heimatstadt war sie über vierzig Jahre im Schuldienst tätig, zuletzt als Rektorin. Seit längerem schreibt sie in der alten Saarlouiser Mundart der Kernstadt. Sie begann schon vor Jahrzehnten Wörter und Wendungen in ihrer Mundart zu sammeln. Ihre Sammlung floss ein  in das Saarlouiser Mundartbuch, das sie zusammen mit Edith Braun 1999 veröffentlichte. Die darin festgelegte Schreibweise er-leichterte ihr weitere Publikationen in ihrer Mundart.

Bisherige Veröffentlichungen ──────────

Edith Braun / Karin Peter:
Saarlouiser Mundartbuch
Wörterbuch – Geschichten – Brauchtum
Saarbrücken: Saarbrücker Druckerei u. Verlag, 1999

Edith Braun / Horst Lang / Karin Peter:
Em Asterix sei groosi Tuur (Asterix uff Saarlännisch; Bd. 1)
Stuttgart: Ehapa-Verlag, 2000

Edith Braun / Horst Lang / Karin Peter:
Asterix im Aarmviehteaader (Asterix uff Saarlännisch; Bd. 2)
Stuttgart: Ehapa-Verlag, 2001

Karin Peter (Hrsg.):
Bei uns zu Gast. Koch- und Backrezepte aus aller Welt,
gesammelt von der Grundschule St. Ludwig Saarlouis
Saarlouis: Selbstverlag, 2002

Karin Peter:
Der Saarluier Schdruwwelpeeter
Nidderau: Verlag M. Naumann, 2003

Karin Peter:
Mä jees! Amüsante Geschichten von Saarlouis und rundherum
Wadgassen: Selbstverlag, 2006

Edith Braun / Karin Peter:
Von Aabääter bis Zwuurwel
Schimpfwörter und Kosewörter in saarländischen Mundarten
Saarbrücken: Selbstverlag, 2009

Inhalt der CD

1. De Kréschdaasgeschicht .... 5:35 min
    [*Text und Musik*]

2. Besinnung .... 1:59 min
    [*Gitarre solo*]

3. Jamaito .... 2:36 min
    [*Gitarre solo*]

4. Steffie's Schlaflied .... 3:40 min
    [*Gitarre solo*]

5. De Kréschdaasgeschicht .... 5:11 min
    [*Text*]